Mario VIVAREZ

Ancien officier de l'Armée d'Afrique

Ancien Membre
du Conseil Général d'Alger

AGRICULTEUR

Au Sujet

du Touât

ALGER

LIBRAIRIE MICHEL RUFF

10, rue Bab-Azoun, 10

—

MARS 1896

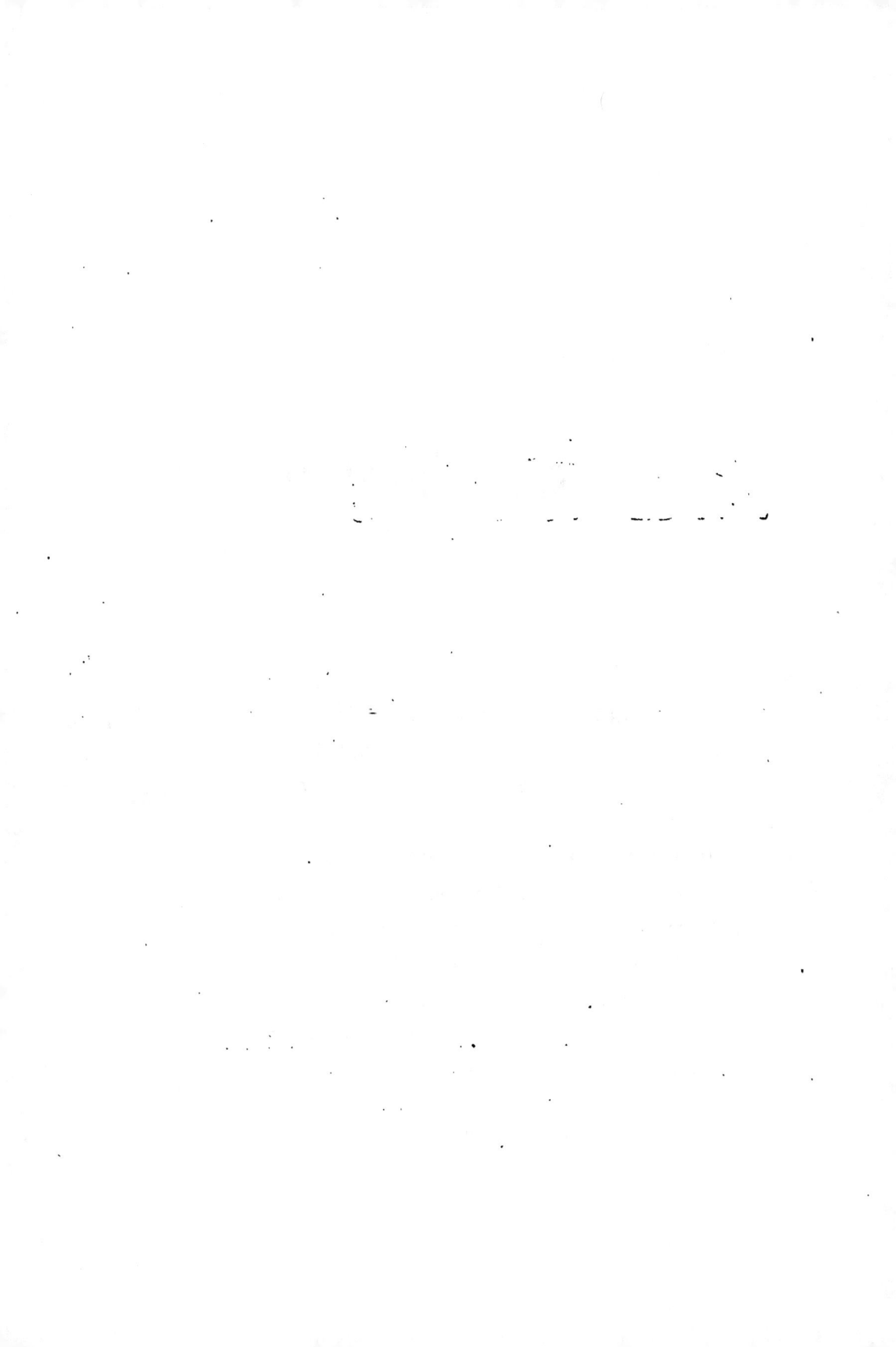

Au sujet

du Touât

La conquête du Touât (*) est décidément le
« Delenda Carthago » de certains politiciens
africanistes, dont la ténacité est, du reste,
aussi grande que l'aveuglement. Seulement,
tandis que Caton l'Ancien concluait tous ses
discours par l'apophthegme célèbre, sous
l'inspiration du patriotisme le plus pur, les
provocateurs actuels de l'expédition moghre-
bienne semblent — hypnotisés qu'ils sont
par des pensées secondaires — oublier com-
plètement l'intérêt supérieur de la Patrie.

Position
de la
Question

(*) Touât, en berbère, signifie « oasis. »

Ils ne voient que la conquête finale, sans
condescendre à faire entrer en compte les
chances diverses de succès, les difficultés
et les charges de l'entreprise, les suites
politiques d'une semblable détermination,
conséquences que nous persistons à juger
comme particulièrement graves et qui se
rattachent facilement, d'une manière absolument intime, au plan d'ensemble savam-
ment élaboré et méthodiquement exécuté
par les adversaires de la France.

Autant, si ce n'est plus que les intransi-
geants partisans de la conquête du Touât,
nous voulons l'expansion territoriale de
l'influence française en Afrique, l'agrandis-
sement du domaine algérien. Si nous ajou-
tons que l'archipel Touatya est peuplé et
réellement fertile (*) ; qu'il commande d'un

(*) Le géographe allemand Ch. Vogel estime que
es palmeraies disséminées dans l'archipel du
Touât, sur un espace de 300 kilomètres de long et
160 kilomètres de large, comportent 350 villages,
400.000 habitants, 10.000.000 de palmiers dont la
production annuelle vaudrait 200.000 tonnes, en
évaluant à 20 kilos par arbre, la production moyenne
qui pour certains palmiers exceptionnels, peut at-
teindre cent et même deux cents kilogrammes par

côté nos communications avec les posses-
sions françaises de la côte occidentale
d'Afrique sous le tropique du Cancer ; que,
d'autre part, il est en deçà — par rapport
à l'Algérie — de la frontière géographique
naturelle qui, au sud de l'Atlas, est mar-
quée par le thalweg du Wed Saoura, pro-
longé par le W. Messaoud jusqu'à la dé-
pression d'In-Zize ; que, par suite, toute
cette région, dont In-Çalah est le centre
politique et commercial d'attraction, doit
être considérée comme faisant partie de
l'hinterland français, c'est-à-dire de la zone
d'influence et d'action qui doit nous être dévolue : on comprendra comment nous affir-
mons, légitimes et fondées, les visées françaises sur l'Igli, le Gourara, le Tidikelt, le
Touât.

---

pied. Ces données paraissent exagérées ; en rame-
nant à sept millions le nombre des palmiers, nous
avons encore un chiffre considérable, anormal,
même pour une population de 400.000 habitants, si
nous le comparons à celui des riches et prospères
plantations du Wêd Ghryr. Dans les oasis, on
compte généralement dix pieds par tête, ce qui
implique une consommation moyenne annuelle de
250 kil. et une production moyenne de 25 kil. par
arbre.

Ce n'est donc pas contre le principe de l'occupation que nous nous élevons : nous trouvons simplement que l'heure est inopportune et nous blâmons formellement les moyens préconisés, qu'ils procèdent du mode militaire ou de la conception féodale, par la création d'un « Etat vedette », d'une forme de « Royaume arabe », ce qui n'excluerait en rien la nécessité d'une très vigoureuse intervention armée.

Dans cet ordre d'idées, nous protestons avec une conviction d'autant plus arrêtée, qu'à notre avis, il existe une solution susceptible d'éviter dans la limite du possible, du moins, de réduire au minimum, toutes les difficultés inhérentes aux questions de moment, de moyens, ou d'adaptation au gén'e des peuplades à assujettir.

Considéra-tions Diploma-tiques

Abordons immédiatement la discussion sur le terrain de l'opportunité.

Il s'agit ici du point de vue diplomatique et, comme nous ne sommes pas seuls à apprécier, que d'autres puissances euro-

péennes entendront prendre part au cha-
pitre, il convient de raisonner sur des réa
lités incontestables et non pas d'appuyer
nos affirmations, nos prétentions, sur de
simples constatations de désirs légitimes et
d'avantages certains.

Nous ne nous attarderons pas à disserter
sur le droit que s'arrogent les peuples civi-
lisés d'en prendre à leur guise à l'égard des
nations, qu'à tort ou à raison ils éliminent
du droit commun de jouir libres et en paix
de leur terre et du ciel.

Le concert européen décide souveraine-
ment sur les pays frappés d'ostracisme et
— l'histoire de tous les jours le démontre —
chaque partie, attentive à son rôle, n'en
surveille pas moins jalousement ses parte-
naires, de telle sorte qu'il n'est plus d'em-
piètement sur une zone désolée, d'accroisse-
ment d'un îlot inculte, de fixation ou de
rectification de limites idéales, de protectorat
d'un pays qui se passerait bien de tutelle,
qui ne soit préalablement l'objet d'un
échange de vues, le sujet d'une entente
absolue — occulte ou dénoncée — entre

les Chancelleries des grandes puissances (*).

Il faut se rendre à l'évidence : que nous
considérions la question du Touât comme
une utile annexion, une rectification de
frontières, un protectorat sollicité, une
conquête, une simple mesure de police inté-
rieure, une affaire de gendarmerie contre
des maraudeurs ; qu'il en coûte ou non à
notre orgueil, ou mieux, à un chauvinisme
plus ou moins bien placé : nous ne pour-
rons mettre officiellement la main sur la
région justement convoitée qu'en suite d'une
entente européenne.

Les hésitations, les tentatives avortées,
les ordres et contre-ordres donnés sont la
preuve évidente des difficultés provenant
de cet ordre de choses.

Quoi qu'il en soit de ces constatations,
certains voudront se demander encore jus-

(*) Si l'on en croit des nouvelles de la dernière
heure, des négociations auraient été entamées entre
la France et l'Espagne, au sujet de l'occupation du
Touât ; les événements viendraient donc corroborer
par des arguments de fait la véracité de la thèse
que nous développons.

qu'à quel point cette intervention diplomatique est légitime, jusqu'à quel degré l'in-
trusion du syndicat des puissances, en
pareille occurence, est compatible avec la
dignité d'un peuple qui compte dans ses
annales : Rocroy, Lodi, Iéna, Solférino.

C'est bien un peu discussion byzantine,
car « droit » et « dignité », en pratique
internationale, se réduisent le plus souvent
au fait « force » et au terme « apparente
satisfaction ». Justice ! Raison ! sont des
spéculations d'un autre âge qu'on ne peut
efficacement invoquer que si des pièces en
batterie sont prêtes à appuyer ces arguments de leurs feux. Or, nous pouvons
l'avouer sans honte, pas plus aujourd'hui
qu'au temps de Bonaparte, la France n'est
en état de braver impunément le continent
européen.

Certainement, le sang des Français assas-
sinés au désert crie vengeance ! Certainement, il est dur de nous voir fermer, par
des corsaires insaisissables, toutes les routes
du Sud ! Et ce n'est pas sans frémissement
qu'on songe à ce foyer irréductible qui dé-

tache, excite et solde tous les coupeurs de route opérant contre nous !

Mais, n'est-ce pas logiquement qu'on oppose à nos plaintes comme à nos justes colères, la non moins légitime et permanente hostilité de peuplades décidées à rester maîtresses chez elles, à l'égard de la France, qui les veut conquérir !

Traité de l'Isly

Il est vrai qu'à cet instant nous faisons intervenir l'article VI du traité de l'Isly, et que, cet instrument diplomatique en mains, forts de notre interprétation, nous prétendons englober le Touât dans nos frontières, ou tout au moins, le considérer comme totalement distinct du territoire marocain.

En cela, en effet, réside la plus épineuse difficulté de la question.

Le traité de 1845 s'exprime ainsi, dans son article VI : « .... En Çahara, il n'y a pas « de limite territoriale à établir entre les « deux pays, puisque la terre ne se laboure « pas et qu'elle sert de pacage aux Arabes « des deux empires qui viennent y camper « pour y trouver les pâturages et les eaux « nécessaires. Quant au pays au sud des

« qçours des deux Gouvernements, comme
« il n'y a pas d'eau, qu'il est inhabitable e^t
« que c'est le désert proprement dit, la
« délimitation en est superflue. »

Ce texte, formel, est, à notre avis, très clair.

Une interprétation subtile, imaginée dans
un esprit patriotique, mais qui ne changera
du reste rien à l'idée que les plénipoten-
tiaires ont voulu exprimer, prétend que la
délimitation s'étant arrêtée au sud de la
ligne des centres sédentaires longeant le
pied du Djebel Amour et du grand Atlas,
les deux gouvernements ont réservé toute
question de possession au sud de cette
ligne, que, par suite, le Maroc n'est aucune-
ment fondé à élever des prétentions sur le
Touât.

Quelle que soit notre bonne volonté, et
malgré notre vif désir de voir adopter par
les puissances cette manière de lire un texte,
nous comprenons que de désintéressés
commentateurs expriment un avis absolument contraire à cette opinion.

La délimitation s'est en effet arrêtée à la
ligne des qçours ; on a jugé inutile de se

partager le désert, ces pays inhabitables et
sans eau ; mais ceux qui, au sud de la
ligne, n'étaient point « désert », ceux qui
« étaient habités » et alors, comme aujour-
d'hui fertiles, ceux-là sont restés en dehors
des conventions signées et, par suite, dans
le domaine de l'Etat duquel ils relevaient à
cette époque. ·

C'est le cas de l'Igli, du Touât, du Gourara, comme du Tidikelt ; ces oasis n'entrent
ni dans la zone non délimitée, ni dans la
zone limitée ; elles sont en dehors des territoires visés et demeurent, comme avant
1845, sous la *suzeraineté nominale du Maroc.*

Le schérif signataire du traité dut le con-
cevoir d'autant plus ainsi que les régions
en question sont le point d'origine de la
puissance des sultans du Maroc (*).

Cette interprétation évidente pour les
Qçours du Wed Draa ne diffère pas en ce qui
concerne In-Çalah et tout l'archipel ; c'est

(*) Le Tafilalet est le berceau de la dynastie
régnante des Fillélides qui se prétendent issus
d'Aly et de Fathima, fille du Prophète, et qui eut
pour auteur, en 1648, le schérif Muley.

en vertu des mêmes droits d'occupation
antérieure, de ces raisons de même nature,
que la Sublime Porte conserve le territoire
de Ghrât, et que le drapeau turc flotte
actuellement sur Bilma.

En vain nous soutiendrons la thèse contraire : le Maroc ne l'acceptera jamais et,
vraisemblablement, les autres puissances
ne consentiront pas davantage — à moins
de compensations — à abonder dans le sens
qui nous est favorable et que nous défen-
dons.

Toutefois, une objection nouvelle peut
être soulevée. Certains affirment que les
régions considérées ont toujours été indé-
pendantes, qu'elles n'ont jamais été sous
la suzeraineté du Maroc, que, par suite,
les prétentions de l'empire schérifien tom-
bent d'elles-mêmes.

Il ne nous déplaît pas de suivre la discussion sur ce terrain.

L'État marocain, résultat du démembrement du grand Khralyfah d'Orient, diffère

Vassalité
de l'archipel
Touatya

Limites
et Conception
de
l'État Marocain

totalement, aussi bien sous le rapport des limites qu'au point de vue de sa constitution, des conditions habituellement assignées en Europe aux expressions : empire, royauté.

Son territoire est, historiquement, plus étendu qu'on ne se plaît à le reconnaître ; il constitue une sorte d'Etat à part, une suzeraineté féodale doublée d'une influence spirituelle et non pas un simple gouvernement régulier, temporel, selon la conception romaine qui est devenue la formule des peuples européens.

Il n'y a en réalité que le Sultan « de Fez » et, groupées autour de lui, en une sorte de confédération non pas même nominale mais plutôt symbolique, d'un caractère spécial, toutes les peuplades musulmanes suivant le rite orthodoxe malékite du Mouwêtha fi'lhadith (*).

Les sectateurs d'Islam, en quelque lieu du monde qu'ils se trouvent, se considèrent comme relevant, à un certain titre vassali-

---

(*) Livre de la doctrine malékite, l'une des quatre grandes sectes orthodoxes islamiques, qui se distingue par un étroit attachement à la lettre de la loi, par que'c_ies différences dans les cérémonies religieuses.

tique déterminé, soit du Sultan de Stamboul, successeur régulier des khrolefa (*) de Bagdad, soit du Sultan de Fez, successeur de ceux de Cordoue et encore plus vénéré que celui de Constantinople, au titre de descendant du Prophète, par sa fille Fathima.

Les premiers sont hanéfites ; les autres, observateurs des règles de Malek ben Anas (**).

Il serait oiseux d'inférer quelles sont les régions actuellement tributaires du Maroc, des limites parfaitement connues des anciens empires Almoravides, Almohades, Mérinites, dont le grand Schérif actuel est le continuateur spirituel, car, il est historiquement établi que la dynastie des Schérifs était maîtresse du Touât et du Tigouraryn avant d'envahir le Soudan (***).

Il suffit de constater seulement le prin-

(*) Khrolefa, pluriel de khralyfe, khalyf.

(**) Fondateur de la secte et qui vécut de l'an 713 à 793.

(***) Histoire des Schérifs Sahadins du Maroc, par Elloufrany, traduction Houdas, 1889.

cipe de suzeraineté reconnu par la coutume musulmane ayant force de loi, pour en déduire qu'attaquer l'un des membres de la vassalité, c'est entamer le démembrement de la confédération du Maroc.

Tout musulman est en principe soldat d'Islam et quiconque est en état de porter les armes se doit à la garde et à la défense de sa religion et de son pays.

L'Empereur, qui prend, à l'exemple des Almoravides, le titre d'Emir el Meslemyn ou chef religieux et politique des Musulmans, est considéré comme tel dans tout l'ouest de l'Afrique, jusqu'à limite de l'influence de Stamboul.

Vicaire de Dieu sur la terre, Imâm, chef suprême, il dispose à ce titre, en maître, de la vie, des biens de ses sujets. Effectivement, son autorité, si despotique en principe, est limitée, même au spirituel; plus des deux tiers de son empire, tout en vénérant en lui le descendant de la fille du Prophète, ne lui paient volontairement aucun impôt et ne lui obéissent en quoi que ce soit, bien qu'ils se disent ses sujets.

Ces considérations suffisent à établir

qu'aussi bien In-Çalah que le Gourara et
que tout le Touât se prévaudront de la suzeraineté marocaine ; cette condition sera du
reste invoquée par d'autres, en leur faveur.

Ceux qui supputaient un triomphe diplomatique facile, ceux qui accordaient crédit
aux intrigues coûteuses du schérif de Wazan, et qui s'obstinaient à nier l'autorité du
Pape musulman de l'Ouest sur les tribus
du Touât, du Gourara, du Tidikelt et des
autres plus au Sud visées par l'article VI
du traité de 1845, seront bien obligés d'ouvrir leur raison à l'évidence et de confesser
les faits accomplis.

La souveraineté du Sultan a été officiellement reconnue et affirmée par les groupes
intéressés. Il faut donc — quelque pénible
que cela soit à constater — admettre que,
le jour où nous menacerons les contrées
considérées, nous ferons directement échec
à l'empereur du Maroc, et nous préluderons
du même coup au démembrement de cet
empire.

Ce n'est ni en écrivant ni en affirmant le

contraire qu'on changera les textes, les
faits, la doctrine diplomatique.

Bien que les communes Çahariennes, que
tous qçours Touatya forment ensemble une
sorte de confédération de petites républi-
ques oligarchiques dont chacune tient du
reste à conserver son autonomie locale, leur
territoire ne doit pas moins être considéré
comme faisant partie du domaine spirituel
du Sultan du Maroc.

Elles protesteront donc toujours contre
l'opinion contraire, contre nos prétentions.

Du reste, nombreux sont les faits diplomatiques, les antécédents qui confirment la
thèse que nous soutenons uniquement parce
qu'elle est conforme à la vérité. Nous en
citerons seulement quelques-uns.

Faits Diplomatiques

En 1861, une caravane militaire, dirigée
par MM. Colonieu et Burin, officiers des
bureaux arabes, se présentait dans le Gourara. Convaincus qu'il s'agissait des préli-
minaires d'une prise de possession, les
habitants du Touât envoyèrent immédia-

tement à la cour de Fez deux mokhradems
porteurs de vingt mille francs, à titre de
présents, suivis de vingt jeunes négresses,
pour demander à Sa Majesté Schérifienne
son concours et sa protection : Le Sultan
du Maroc promit officiellement son appui.

En 1873, le chef du çof des Oulad bou
Hammou-Badjouba, mokhradem de la com-
munauté snoussiyte du Touât, déclara so-
lennellement, et cela à plusieurs reprises,
qu'il était le fidèle sujet de l'Empereur du
Maroc, dont il reconnaissait officiellement
la puissance.

En 1875, se produit un fait encore plus
caractéristique.

Sur l'ordre du Gouvernement français,
Ben Driss, alors agha de Wargla, est
chargé de faire à la djemaa d'In-Çalah
des propositions instantes et très amicales,
à l'effet d'établir des relations commerciales
entre l'Algérie et le Tidikelt. Voici à peu
près textuellement la réponse littérale qui
fut faite à nos ouvertures : « Nous ne dési-
« rons rien autre que d'être laissés tran-

» quilles chez nous, et sous aucun prétexte
» nous ne voulons avoir aucun rapport avec
» vous. »

C'est également par un refus formel qu'il
fut répondu aux propositions de pénétration pacifique adressées à la même époque
par le Commandant supérieur de Laghouat.

Depuis, des actes fréquents de suzeraineté
ont été accomplis par le Sultan du Maroc.
Chaque fois que nous avons manifesté par
des tentatives pressantes, l'intention de
nous ingérer dans les affaires du Touàt, la
Cour de Fez n'a pas manqué de répliquer
par des actes formels, tels que l'envoi d'officiers porteurs de rescrits impériaux ou de
burnous d'investiture en faveurs de cheykhrs
établis sur les territoires dont on semblait
vouloir se ménager l'accès.

Parfois, des exemples sévères ont frappé
ceux soupçonnés de trop d'indépendance ou
simplement de tiédeur, ainsi que cela s'est
produit l'an dernier, et tout récemment
encore, à la suite de l'excursion faite à
Tabelkosa par le Commandant supérieur
de Géryville.

La triste fin du schérif de Wazan suffit à marquer très nettement l'état des esprits, et à prouver que la défense d'Islam est plus haut placée dans les cœurs musulmans que le respect, la vénération attachés à la descendance du Prophète, ainsi qu'il en était, — bien que cela fut discuté — pour le chef des Mouley-Tayeb, décédé l'an dernier.

Depuis de nombreuses années, la diplomatie française manœuvrait pour conquérir à sa cause, la haute influence de ce schérif, grand maître de l'ordre religieux des Mouley-Tayeb. Rien ne fut négligé en fait de bons procédés et d'arguments pécuniaires qui s'élevèrent jusqu'à trois cent mille francs par an ; on alla jusqu'à l'autoriser à percevoir sur nos tribus du sud oranais les droits de ziara ou de quête, dont les congrégations musulmanes sont à la fois si jalouses et si friandes. Appelé à Alger, et ainsi maladroitement compromis, il dut, à contre-cœur et malgré ses prières, presque conduit de force et pour donner la preuve de bonne volonté qu'on exigeait de lui, regagner le

Influence illusoire des chefs indigènes en notre faveur

Maroc par l'extrême-sud de l'Algérie. A
peine avait-il quitté le territoire algérien,
que le bruit de sa mort était répandu dans
la masse indigène. Effectivement, ce bruit
devança de quelques semaines l'évènement
fatal.

Quand on voit à quel résultat aboutit
l'influence d'un des plus hauts personnages
musulmans, on se demande avec raison
quel fond on est en droit de faire sur les
promesses intéressées de ces soi-disant
partisans dont l'intervention en notre
faveur, est paralysée aussitôt qu'en accen-
tuant trop ostensiblement leur sympathie,
ils laissent percer notre ingestion.

La théorie nouvelle du Gouvernement
général de l'Algérie, tendant à l'occupation
de l'archipel Toualya par la constitution
d'une forme de Royaume arabe, repose en
effet sur les affirmations de ces sortes d'amis
au dire desquels, la France, pourrait comp-
ter sur de nombreuses sympathies parmi la
population des qçours. Le terme « parti
français » a même été prononcé.

Les gens officiels semblent persuadés que

l'influence de certains chefs indigènes à
notre service est susceptible de se faire sen-
tir avantageusement en notre faveur jusque
dans les oasis convoitées, et qu'elle pèserait
d'un grand poids dans la solution de la
question. Ce sont là des illusions qu'il est
réellement difficile de s'expliquer, et les
faits que nous avons déjà signalés, l'état
d'esprit que nous avons marqué, disent
assez haut l'inanité de pareilles espérances ;
ils font ressortir combien nulle serait cette
action, ils indiquent, en outre, que non seulement on nous hait parce que nous cher-
chons à devenir des maîtres, mais encore
qu'on nous abhorre en notre qualité de
« Roumis », d'infidèles détestés. Et c'est
plus cela que la crainte, qui excite le fanatisme de la masse ignorante, alors que chez
les aristocrates vient s'ajouter la question
des intérêts matériels : l'esclavage et le
commerce du Soudan.

Comment douter un seul instant de la
continuité de ces intentions malveillantes ?
Quels exemples supplémentaires faut-il ?

N'est ce pas là, au cœur même du Touât,
qu'en 1871, Bou-Choucha recruta ses contingents pour venir rançonner le Mzab, Wargla
et s'emparer de Touggourt ? Quel accueil
fit-on à notre voyageur à la fois si pacifique
et si expérimenté Soleillet ? Il était cependant conduit par un Chambi en haut renom,
Ahmed ben Ahmed, ce qui ne l'empêcha
pas, à peine arrivé aux abords de Milianah,
le premier qçœur oriental du Touât, d'être
obligé de filer nuitamment, à vive allure,
sur l'ordre formel de la Djemâa d'In Çalah,
un parti ne cavaliers sur méhari à ses
trousses !

Et l'infortuné Marcel Palat (1892),
voyageur pacifique, lâchement assassiné !

Le sort de Camille Douls termine, pour
le moment, avec la mort toute récente d'un
ingénieur du chemin de fer de Djenien bou
Rzieg, une trop longue série sanglante.

Tous ceux-là, cependant, partaient pleins
d'espoir dans les promesses, les paroles
données, l'influence de leurs amis musulmans !

Il faut l'énoncer bien nettement : il n'y a

pas d'influence qui puisse s'exercer en notre faveur dans ce milieu fanatique et passionné.

En réalité, au lieu de trouver dans ces contrées de nombreuses sympathies, comme les communications officieuses tendraient à le faire croire, on peut affirmer, au contraire, que nous serons en face d'une masse intransigeante et ennemie, d'un lieu de refuge pour tous les mécontents, pour tous ceux qui veulent se soustraire à notre domination, ou simplement à nos tracasseries et à nos exigences administratives. Ceux-là toujours bien accueillis, ne manquent pas d'exciter au plus haut degré contre nous, l'antipathie traditionnelle de ces populations, dont l'aversion est bien certaine, ce dont nous avons fourni des exemples patents.

Cependant, pour compléter la discussion, nous devons dire quelques mots de certains personnages dont on pourrait invoquer les noms.

Nous ne citerons que pour mémoire un membre de la famille des Ouled Sydy Cheykhr, qui s'habille en France, à la

Sur quelques personnalités

française et boit comme un Polonais : Hamza bou Bekœr, intronisé agha du Djebel Amour.

Sa réputation est faite dans le pays qu'il administre et qu'il dévore ; son influence ne dépasse pas la zone d'action des « fouarès » mis à son service, aux frais du budget algérien.

Un autre membre de la même famille, mais autrement important, Si Kaddour ben Hamza, après être resté longtemps indépendant à la tête de contingents suffisants pour se faire respecter, s'est décidé — après de nombreuses démarches de notre part — à accepter une investiture en notre nom. Son bon vouloir, durant de nombreuses années, ne s'est pas même manifesté par sa venue à Géryville, centre du commandement duquel il relève, et où il se contentait d'envoyer régulièrement toucher sa pension. Récemment, cependant, il a consenti à venir de sa personne, et il est non moins exact qu'il y a quelques mois, il a accompagné l'un de nos chefs militaires dans son excursion au qçar de Tabelkosa.

Après plusieurs années de démarches, de nombreux cadeaux et d'un important traitement, c'est à cette simple conduite que s'est bornée la manifestation de son influence et de sa reconnaissance !

Aussi bien, cela n'a rien qui nous puisse surprendre, car Kaddour ben Hamza aurait-il été disposé à faire sincèrement davantage, que la réalisation de son désir se serait heurtée à d'infranchissables impossibilités.

Il n'y a, en effet, parmi tout ce groupe des Ouled Sydy Cheykhr, qu'un seul personnage réellement puissant, autant par sa propre valeur que par l'influence considérable et incontestée dont il jouit, non seulement sur les populations du sud algérien, mais encore hors de l'Algérie : c'est Bou Hammama.

Les intrigants qui, cherchant à se faire acheter par nous, font de temps à autre courir le bruit de sa déchéance, de son abandon, n'obtiennent créance que chez les naïfs ou les intéressés à faire prévaloir leur version. Et s'il est exact que les deux centaines de tentes Chaamba, qui depuis longtemps irréductibles, battent l'estrade, sont maintenant prêtes à rentrer, c'est, non pour abandonner leur chef vénéré, mais pour venir pâturer sur nos terres, fuyant la sécheresse... temporairement.

Sans oublier que le prestige de ce redouté condottière tient surtout à son titre d'ennemi heureux et irréductible, on peut admettre que son intervention pourrait, si elle était sincère, du moins durant quelque temps, être pour nous d'un précieux concours.

Le gouverneur général Tirman reçut des ouvertures dans cet ordre d'idées.

Il ne crut pas devoir les accueillir, car il estima que traiter avec l'assassin des halfa-tiers, serait — particulièrement aux yeux des indigènes — moins un succès pour notre diplomatie qu'une humiliation pour le renom français. Du reste, il semble impossible d'admettre la bonne foi de Bou Hammama dans toute combinaison politique.

Son influence, qu'il faut reconnaître aussi grande qu'unique, repose précisément sur son attitude d'intransigeante hostilité. Cham-

pion des passions musulmanes, c'est le
soldat de la guerre sainte. Quoi donc pourrait le pousser à faire volte-face, tandis
qu'il n'est pas réduit à la dernière extrémité
par des défaites et que sa renommée bat
son plein ? Admettons que, séduit par l'appât de pompeuses richesses ou d'un titre
d'Emyr, qu'oublieux des paroles violées,
— ainsi qu'il fut fait pour Bou Dissa, Mo-
krani et quelques autres — il se fiât à
l'*aman* de la France, est-il bien sûr que sa
trahison entraînerait de nombreux partisans ? De ce jour, sa personnalité entrerait
en conflit avec la puissance du Schérif
marocain, avec la cause même de sa
grandeur. Il serait évidemment un atout
dans nos mains, mais, réduite à ces proportions, l'influence de cet homme — désormais condamné dans l'esprit de ses coreli-
gionnaires — serait assurément incapable
d'apporter en nos mains la clé des oasis.

Aussi bien, nous nous refusons absolument à ajouter foi un seul instant à pareille
hypothèse que tout porte à rejeter.

Bou Hammama, plus qu'un autre, doit se

souvenir du sort réservé aux traîtres à la foi.
La fin tragique d'un de ses parents, Si Bou
Bekœr ben Hamza, empoisonné à Wargla
par les Ouled Sydy Cheykhr, pour avoir
voulu, dévoué qu'il était à la France, s'op-
poser à la levée des boucliers (1864), n'a
certainement pas fui sa mémoire. La fin
du Schérif de Wazzan, à laquelle il n'est
peut-être pas resté étranger, dit clairement
au monde des vrais croyants, que la défense
d'Islam prime tout autre devoir : les poi-
sons des Borgia n'ont pas disparu avec
César et Lucrèce !

Royaume
Arabe

Cependant cette supposition, que nous
persistons à considérer comme impossible,
trouva crédit auprès du gouverneur général
Cambon. Une entrevue fut donc ménagée
entre les deux personnages. C'était en 1894,
lorsque, selon l'expression des indigènes, le
Gouverneur général accompagna le général
Thomassin dans le sud.

Bou Hammama manqua au rendez-vous.

Ce n'est pas ici le lieu de raconter les
incidents ou les péripéties de cette aventure.

Quoi qu'il en soit, on prétend que des

négociations seraient reprises et que, passant
l'éponge sur les évènements antérieurs, la
vice-royauté du Touât serait offerte au
massacreur de Sydy Krafalla (*).

Nous n'avons pas à examiner pour l'ins-

(*) Les Romains maintenaient la paix dans leur
immense empire en utilisant les éléments vaincus,
par l'institution de royautés confinaires. C'est dans
cet esprit qu'ils avaient édifié les protectorats de
Mauritanie avec Bocchar, des Massessyles avec
Syphax, des Massyliens avec Massinissa et c'est
ainsi, à l'aide de ces *Subreguli*, qu'ils purent, durant
une longue période séculaire, avec vingt-sept mille
hommes, quelques légions encadrant les troupes
aborigènes, contenir sous l'autorité centrale un
territoire six fois plus vaste que celui où la domination française nécessite une armée de soixante
mille soldats. Les peuples colonisateurs contempo-
rains, l'Angleterre aux Indes, la Hollande dans
l'archipel polynésien, pratiquent la même méthode.
L'Autriche, pour couvrir ses confins, forma les
Grœnzer, ces paysans-soldats des *marches* militaires,
en imitation des soldats-agricoles, des *marches*
çahariennes et qui depuis Djerba (Lotophagitis) jusqu'à Cernè (Cyraunis) gardaient les frontières méri-
dionales de la province d'Afrique et faisaient de
ces régions, aujourd'hui délaissées, le fécond grenier
de l'Empire. Les conditions politiques actuelles ne
permettent pas la réédition de ce procédé de colo-
nisation ; Islam qui a renversé les successeurs de
Rome, réunit aujourd'hui contre nous, en faisceau
qui de jour en jour se resserre, les masses divisées
que le Peuple-Roi opposait les unes aux autres,
pour gouverner de haut et de loin, selon sa magis-
trale formule : *Divide et impera*.

tant les avantages que la France pourrait jamais retirer de cette conception hybride ; disons seulement que si nous venions à passer sous de pareilles fourches caudines, nous justifierions pleinement cette croyance des indigènes qui nous jugent assez dégénérés pour ne plus nous souvenir des affronts et pensent que nous sommes devenus les serviteurs des juifs, dont l'omnipotence, d'après les nabys arabes, doit commencer à s'épanouir au XIII⁰ siècle de l'hégire (actuellement.)

Intervention européenne

Des considérations qui précèdent, il se dégage nettement :

1º La nécessité de prévoir l'intervention des puissances ou, du moins, de certaines puissances européennes, dans le règlement des affaires du Touât, inséparables de la question marocaine ;

2º Que notre dignité ne saurait être atteinte par cette action diplomatique dont on trouve de nombreux précédents.

Ici se pose une question.

L'entente préalable dont nous admettons

désormais la nécessité n'est-elle pas un acte diplomatique accompli ? Est-elle le résultat d'une conférence pleinière des puissances ou simplement le fait de l'adhésion ou du « laisser-faire » d'un ou de quelques gouvernements seulement.

Certains infèrent de ce que le traité Ribot-Salisbury, relatif à l'hinterland africain, est absolument muet sur cette question de limite occidentale de notre influence dans le sud-ouest algérien, qu'une convention secrète nous laisse libres sur l'annexion du Touât.

S'il en est réellement ainsi, la situation ne reste pas moins inquiétante.

En effet, il est bien certain que, sur ce point, il n'y a pas eu entente internationale totale, car si cette hypothèse avait été réalisée, nous en aurions fini depuis cette époque, et le pavillon français flotterait au Touât.

Si donc la question a été traitée dans les diverses chancelleries, quelques-unes seulement, nous ont donné une réponse favorable ; et si, parmi celles-là il en est qui, sans compensation, nous ont accordé libre pratique, il en est pour le moins une autre qui, dans ce cas moins que jamais, n'a entendu sortir les mains vides d'un congrès international.

Le émembrement du Maroc

Tout en faisant nos réserves sur l'exactitude d'une convention secrète avec l'Angleterre, nous n'hésitons pas à déclarer que le fait seul de l'existence de cette clause occulte dans le traité Ribot-Salisbury, au lieu d'être pour nous un garant de sécurité, en ce qui concerne la question marocaine, constituerait au contraire l'indice d'un très grave danger.

Si, forts de cette adhésion tacite ou énoncée, nous proclamons l'annexion du Touât, ou bien si, de vive force, nous accomplissons un acte équivalent, cette main-mise sur la confédération Touatya, donnera le. signal du démembrement du Maroc.

Cette conséquence fatale se réalisera, que nous le voulions ou non, car les puissances, alors prêtes à la curée que nous aurons entamée, se maintiendront sur ce terrain.

Anglais, Allemands, Espagnols, Italiens procèderont à la liquidation de l'empire du

Moghreb, et cette fois encore, avec une iro-
nique largesse, on nous abandonnera le
royaume des sables, tandis que l'habile
Albion, déjà installée de fait dans la cita-
delle de Tanger, hissera son drapeau sur
les remparts et garnira de canons perfec-
tionnés, les vieilles embrasures, pour croiser
des feux désormais infranchissables avec
ceux de Djebel Tarik (Gibraltar).

L'Allemagne occupera les côtes où les
comptoirs de sa puissante flotte mixte
jettent déjà dans le Sud algérien, les pro-
duits industriels des bords du Mein et de
l'Oder.

L'Italie profitera du trouble pour enlever
la Tripolitaine, nous barrant dès lors, par
le Fezzan, l'utile pénétration vers le Tchad,
et quelque heureux que nous puissions être
de voir l'Espagne amie, élargir ses Présides,
nous n'en aurons pas moins « accepté un
œuf contre un bœuf ».

Cet article secret, véritable cheval de
Troie, nous apparaît ainsi qu'un don de
Grecs, perfides jusque dans leurs présents ;
c'est l'appât lancé à notre portée pour nous
faire ouvrir à nouveau, en ridicules aveu-

gles, sous forme de question marocaine,
l'interminable et complexe question d'Orient.

Sans nous lancer au milieu de toutes ces
considérations épineuses, retenons seulement les événements probables dont Tanger
et Tripoli seront le théâtre et la gageure,
et mettons-nous bien dans l'esprit, que l'occupation de la Tripolitaine par une puissance européenne, équivaudra, pour nous,
à l'abandon forcé de toutes nos visées sur
la région du Tchad, et par suite, ultérieu-
rement, à l'infériorité, à la ruine de notre
situation commerciale dans tout le Soudan
central.

La main-mise sur la Tripolitaine entraî-
nera, en effet, la construction de la pénétration ferrée vers le Tchad. Or celle-ci
aura pour conséquence forcée la ruine de
notre influence aussi bien politique que
commerciale, au Çahara comme au Soudan.

En parlant de l'échec de la mission Flatters et de ses conséquences au sujet de
Tripoli, les journaux italiens écrivaient
naguère : « Mors tua, vita mea. » Conclu-
sion douloureuse mais toujours logiqne et
qu'il est important d'empêcher.

N'est-il pas à cet instant évident que si les grandes puissances nous ont donné ou nous accordent libre pratique au Touât, elles n'agissent ainsi que dans un but d'embûches intéressées ? Ne voit-on pas comment leur manœuvre est conforme à cette tactique élémentaire qui a pour but de nous isoler en nous poussant à indisposer, par des conquêtes intempestives, jusqu'à ceux qui ont pour nous les plus vives sympathies naturelles, ou dont la reconnaissance ne devrait point se lasser ?

On est parvenu à ce résultat avec l'Italie par l'annexion de la Régence Tunisienne. Mais dans ce cas — qu'on nous passe une expression triviale — « l'enjeu valait la chandelle ».

Dans les affaires marocaines, si l'Espagne n'était point suffisamment pourvue, c'est contre nous qu'elle porterait sa colère ou son aigreur. Or, n'oublions pas combien grande est la proportion du sang espagnol parmi les Français d'Algérie ; songeons à cette population néo-française, laborieuse, compacte, et dont il ne faut pas tendre trop vite ni trop fort les fibres nationales natu-

relles. Pensons enfin combien il importe,
au cas de conflagrations futures, de ne point
rejeter l'Espagne, par des froissements aussi
inutiles que maladroits, dans les bras d'irré-
conciliables rivaux.

Déductions
tirées
les arguments
d'ordre
diplomatique

Nous avons établi que la question du
Touât était inséparable de la question marocaine et que, du moins, les grandes puissances en jugeraient ainsi ;

Nous en avons déduit qu'elle ne pouvait
être réglée qu'en vertu d'une entente internationale dont les conditions semblaient
devoir être très dangereuses, et comporter
le démembrement du Maroc ;

Nous avons exposé comment prétendre
nous passer de l'adhésion des chancelleries
européennes, c'était fournir un prétexte
immédiat au partage de l'empire schérifien,
à des annexions menaçantes ; c'était encore
faire le jeu de nos ennemis et de propos
délibéré nous exposer à un échec d'autant
plus grave qu'il atteindrait notre prestige
dans le monde musulman.

Admettons maintenant comme éliminés tous les inconvénients d'ordre diplomatique que nous avons dénombrés au cours de cette étude.

Le concours des chefs indigènes, celui du « parti français » alors même qu'il existerait au Touât, ne nous dispenseront pas d'une intervention vigoureuse, à l'aide de nos forces régulières.

Jamais, en effet, on n'a pu mener à bonne fin une opération importante avec les seuls « Goums » indigènes sans les appuyer, par des colonnes régulières, du moins à distance suffisamment rapprochée. Cela se conçoit d'autant plus, que ces bandes réquisitionnées, sont appelées à combattre des intérêts qui sont les leurs, sans parler des rivalités irréductibles qui s'opposent au groupement de nombreux contingents arabes, pris dans des tribus d'origines différentes et de traditions hostiles les unes aux autres.

Penser différemment serait entretenir une illusion dangereuse.

Il faudra donc agir par la force et par nous-mêmes : toute l'occupation et la conquête de l'Algérie sont là pour le démontrer.

Disons bien vite — si toutefois nous nous proposons une action utile, durable, définitive — qu'il ne s'agira pas, dès lors, d'une simple promenade militaire, d'une manœuvre en campagne des trois armes en division.

La conquête des oasis du Touât constituera une opération militaire des plus sérieuses.

Les exemples fournis par les campagnes d'Afrique sont trop connus pour que nos officiers se laissent prendre désormais à l'appât du danger négligeab'e.

Le siège de Zaatcha dura six mois ; il nous coûta plus de deux mille hommes.

Lors de sa marche sur le Wed Chayr, le général de Wimpfen, trop confiant dans la valeur de nouvelles armes, fut bien heureux de s'en tirer par une retraite rapide ; il ne put abreuver ses troupes qu'avec le consentement de l'ennemi, après un combat au cours duquel il avait épuisé toutes ses munitions. Le mouvement en retour aurait été converti en désastre si nos adversaires, mieux avisés, nous avaient poursuivis.

Pour emporter l'oasis d'El Amry, le général Carteret dut former trois colonnes convergentes. Ce ne fut qu'à la suite d'un bombardement soutenu, après avoir même subi plusieurs assauts dirigés par les assiégés contre notre camp retranché, sur le talus duquel les femmes indigènes venaient se faire tuer, que la position fut enlevée. Toutefois, la bataille ne fut engagée et l'assaut livré aux palmiers, qu'au moment où l'approvisionnement complet de l'artillerie put permettre de frapper le coup décisif.

Toutes ces difficultés, nous les retrouverons encore exaltées dans l'attaque du Touât, car cette fois il ne s'agira plus d'un qçar comme El Amry, mais d'un groupe d'oasis plus important que tous les Zibans réunis.

Nous n'avons pas l'intention d'entreprendre une étude militaire de la question. Toutefois, ce sujet comporte de grandes lignes accessibles à tous.

L'attaque de villages couverts par les palmiers est hérissée de difficultés ; l'occupation des oasis comporte une véritable guerre de rues, les sièges successifs de jardins défensifs. Ici, la supériorité d'armement de l'infanterie disparaît en partie, neutralisée, dans ce genre de lutte, par le courage individuel des combattants, qui reste, en dépit de la mellinite, le facteur principal du succès.

Sans mettre un instant en doute la valeur des nôtres, on peut en toute certitude affirmer que le courage des assiégés sera porté au maximum de sa puissance.

Pour les réduire sans trop d'effusion de sang français et sans une temporisation trop grande, il faudra recourir à un matériel d'artillerie et de munitions qui, pour s[i] réduit qu'il soit, ne nécessitera pas moins des convois énormes.

Aussi bien, le transport d'une artillerie suffisante pour le siège des qçours et surtout l'approvisionnement en munitions dans les proportions qu'un tel objectif comporte, ne sera pas le plus élémentaire problème de la campagne. En réalité, ce sera le plus difficile et le plus important, car, pour avoir une artillerie largement ravitaillée

en munitions, il deviendra indispensable
d'organiser d'interminables convois sur
une ligne d'une immense étendue. Pour
garder ces convois, il faudra des escortes
sérieuses, l'effectif total étant du reste subor-
donné à la puissances des gîtes d'eau (*).
On en arrive ainsi à la nécessité de plusieurs colonnes convergentes ou successi-
ves, c'est-à-dire, d'une expédition militaire
d'importance capitale comme dépenses,
effectif et difficultés.

Notons qu'il s'agira d'opérer à plus de
1,500 kilomètres du littoral, à plus de 600
kilomètres de la station ultime, et à 200 kilomètres du point d'action, selon que l'on
considère Laghouat et Ayn Sefra comme
des bases, ou qu'on les reporte plus au sud,
aux derniers forts avancés, dont le ravitaillement est déjà difficile, ainsi que l'ont
prouvé de récents événements. Remarquons
qu'il n'y a plus, sur ces 600 kilomètres, le concours du charroi même rudi-

---

(*) Ces conditions limitent approximativement à
2,500 hommes l'effectif d'une colonne, chiffre qui
implique, à l'étape, un volume minimum de deux
cents hectolitres d'eau par jour.

mentaire, mais seulement le dos du chameau ! (*)

Et voilà les conditions dans lesquelles devront opérer les colonnes !

Avant qu'elles aient été seulement mas-sées, la Guerre Sainte aura été proclamée aux quatre coins de l'espace. Vers le Touât, considéré comme le boulevard de la foi, affluera de toute part la masse fanatisée d'Islam, accourant pour la lutte suprême comme à un pèlerinage sanglant, purificateur et valant l'indulgence paradisiaque promise à tout Croyant succombant pour Allah.

Qui donc oserait affirmer le succès immédiat d'une telle entreprise où les conditions du pays et le courage des adversaires oppo-sent tout d'abord de très sérieux éléments de difficultés ?

---

(1) On compte généralement un chameau de convoi par combattant, mais cette proportion est faible si on veut aller loin et dans le cas où il devient nécessaire de franchir de longs espaces sans rencontrer de gîtes d'eau, étant donné qu'il faut, au minimum, par jour, cinq litres d'eau par fantassin et vingt-cinq litres par cavalier monté. La prudence et l'expérience conduisent donc à prévoir, en chameaux porteurs, un nombre double de l'effectif de la colonne.

Qui donc peut sérieusement apprécier l'importance des nouvelles ressources créées, en armes perfectionnées, en personnel instructeur, dans ces régions mystérieuses ?

Sait-on ce que portent les convois anglais fonctionnant régulièrement entre le cap Juby et la Zaouya de Khrerzas où Bou-Choucha fut investi de sa mission guerrière, où Bou Hammama a transporté le centre de son commandement ?

En présence de telles éventualités, on ne peut être que perplexe, et voilà pourquoi nous ne voulons pas sonner le « boute-selle » contre l'étendard vert d'In-Çalah (*).

Utilité de la conquête

Ce serait maintenant le cas d'examiner l'importance absolue de la conquête rêvée et d'établir la proportion entre l'effort à faire, les risques à courir et le bénéfice à réaliser.

Le compte, au triple point de vue patriotique, commercial et stratégique, ne serait pas difficile à faire.

(*) La terrible défaite subie par les Italiens à Adoua doit servir d'exemple salutaire aux inexpérimentés comme aux présomptueux.

On nous permettra de ne pas le déve-
lopper ; nous nous bornerons à de dire que
les millions de palmiers ombrageant les
oasis du Touât et ses quelques centaines de
mille habitants ; que la gloriole d'être les
maîtres nominaux de quelques degrés de
plus en latitude australe, ne méritent pas
tant de "peine et que ce serait, comme dit
Franklin : « Acheter trop cher un sifflet. »

L'occupation du Touât ne rendra aucu-
nement l'effet utile sur lequel on s'efforce
d'appuyer les raisons déterminantes de
l'expédition, plutôt rêvée par des ambitieux
que par de véritables patriotes (*).

(*) L'analyse de la politique coloniale des dernières
années de la IIIe République, ne semble pas révéler
chez les promoteurs des expéditions réalisées, un
sentiment très pur et en tout cas sans mélange,
des intérêts primordiaux de la Patrie.

L'occupation de la Régence Tunisienne — alors
même qu'il convient de s'applaudir du résultat —
fut surtout envisagée et conçue dans le monde
politique et financier dirigeant — au point de vue
des effets rémunérateurs de la Conversion de la
Dette.

Le Tonking a eu ses charbons et sa carte aux
pépites ; maintenant c'est l'emprunt de quatre-vingt
millions dans lequel les initiés vont trouver leur
compte.

L'expédition de Madagascar, en vue de laquelle

La traversée du Çahara n'en sera guère moins périlleuse.

Les coupeurs de route — s'ils sont toutefois délogés — iront se réfugier plus loin, sur le territoire marocain, dans l'Ahoggar, l'Adghrar ou les solitudes du Mouydir. Encore plus exaltés dans leur fanatisme sanguinaire, ils n'auront pour

---

il était du res'e manœuvré depuis une dizaine d'années, par un syndicat puissant, cache, dit-on, une affaire d'accaparement de mines d'or.

Quand on se remémore qu'à la suite de la prise d'El Amri, l'oasis mise sous séquestre fut dévolue, à l'aide d'une adjudication formellement contestée, à un groupe de politiciens qui s'en rendit propriétaire, moyennant 70,000 francs, payables en plusieurs annuités, alors que la récolte des dattes pendante (c'était en mai), devait rendre 90,900 francs quelques mois après, on est en droit de se demander si la question du Touât ne confine pas encore à quelque affaire douteuse de ce genre, à quelque opération territoriale au profit de tripotiers experts. Remarquons que les lanceurs les plus ardents de l'idée de conquête, déclarent que l'intérêt politique est seul en jeu, qu'aucun autre profit n'est à considérer ! Notons qu'ils sont les plus réfractaires à l'action par la voie ferrée, ce mode à la fois sûr, rationnel, mais qui à leurs yeux aurait peut être l'inconvénient grave de faciliter les communications et p r suite d'empêcher tout « coup de fl'et » sur des oas's plantureuses, tout accaparement de terres fertiles, irrigables, toute « pêche en eau trouble », caractéristique des mœurs politiques du jour.

nous que plus de rage et nos voyageurs, trompés par une sécurité illusoire, viendront ajouter d'autres noms au martyrologe des explorateurs africains.

Un poste, quelque bien outillé qu'il soit, n'embrasse pas une zone de protection supérieure à cent kilomètres ; et encore, au désert, passe-t-on facilement dans les mailles de ce réseau !

Evidemment, la prise du Touât nous faciliterait l'une des routes du Niger ; toutefois, cette route n'étant pas unique, l'urgence, l'utilité ne peut être invoquée sur ce chef.

Nous le répétons : l'effort nécessaire pour mener à bien l'opération projetée n'est pas suffisamment justifié par les résultats supputés.

Nous hésitons d'autant moins à affirmer cette idée qu'à notre avis, il est possible d'arriver, par une autre méthode, aux mêmes résultats de prépondérance désirés, à des avantages pratiques supérieurs.

Cette solution consiste à neutraliser la situation de l'archipel Touatya, à le conquérir commercialement, c'est-à-dire utilement, à l'aide du procédé élémentaire dont les Américains et les Russes ont démontré la supériorité. Ce sera aussi une question d'argent, mais non pas une question de sang.

C'est par l'avancement de la voie ferrée combiné avec l'installation de postes-gares défensifs le long de son parcours, d'une part jusqu'à Amguid, de l'autre côté jusqu'à Igli, que, sans risques, sans complications, sans dangers, nous obtiendrons le résultat économique durable et certain qu'il est nécessaire de poursuivre.

Solution pacifique de la question du Touât par les cheminements ferrés

Par cette tactique « industrielle », l'expansion de l'influence française sera désormais
à l'abri de ces à-coups, que des faits regret-
tables — tels que l'attaque des convois de
relève — déterminent, et qui sont grandement exploités contre nous, dans le
monde du Sud ; du même coup, la sécurité des relations commerciales sera assurée, ce qui aura pour effet immédiat
de réduire la prépondérance politique et
commerciale du groupe d'In-Çalah, ce centre
d'échange, de commerce, de fanatisme et
d'agitation.

Par la satisfaction des intérêts matériels,
nous parviendrons peu à peu à faire désa-
gréger, sous la simple impulsion des appé-
tits naturels, les divers éléments de la confédération Touatya ; progressivement, ils
arriveront à un rapprochement qu'ils trou-
veront avantageux jusqu'à ce que, par la
continuité de l'action, l'aversion première,
les craintes, les préventions, les défiances,
les malentendus étant dissipés, ils en viennent à une union volontaire. Ce jour-là,
nous occuperons le Touât sans protestation
aucune ; nous l'occuperons de fait, ce qui

vaudra mieux que de nom, car de lui même,
il se sera remis dans nos mains.

Du reste, même pour une expédition
militaire, la voie ferrée n'est-elle pas indispensable ? Seule, en effet, elle est de nature
à permettre de maintenir en relations effica-
ces, assurées, la base d'opération avec le
front d'action. Seule elle pourra faire affluer
sur la ligne d'attaque les troupes, les vivres,
le matériel, les munitions et rendre ainsi
toute résistance sérieuse impossible. Dans
tout autre condition, le corps lancé en avant
restera « en l'air », car l'expérience démontre le peu de fonds qu'il faut faire sur la
fidélité des goummiers, le courage des con-
voyeurs, la foi jurée des indigènes le plus en
cour.

Certaine affaire de Metlili, où les Chaam-
bas enlevèrent l'officier commandant la
pointe, fait plus d'honneur aux jambes de
la jument que montait le chef indigène du
« goum » qu'à la bravoure de ce personnages
destiné cependant à flanquer nos colonnes
dans l'aventure projetée !

Invoquerait-on par hasard des difficultés budgétaires ? Mais les dépenses de construction d'une voie économiquement conçue et réalisée, balanceront certainement les frais que nécessiteraient la marche des colonnes et le ravitaillement permanent des garnisons qu'il faudra laisser en avant !

Souvenons nous, du reste, que la province d'Oran n'a été réellement pacifiée que depuis l'avancement de la ligne ferrée jusqu'à Ayn-Sefra.

Ce résultat a largement donné raison à ceux qui déclaraient — en présence des raids audacieux de Bou Hammama — qu'un railway à section réduite serait d'un effet autrement utile et économique que ces perpétuelles colonnes en mouvement, car la voie ferrée se garde elle-même et constitue, à l'aide de dispositifs rudimentaires, un puissant élément défensif et offensif permanent.

Le chemin de fer donnera donc la prépondérance.

Cependant, il ne faudrait pas croire que

sa construction pourra être effectuée sans
incident de guerre, sans attaque des chan-
tiers. Il est vrai que la protection sera
constamment assurée par la facilité même
de l'arrivée des renforts et des munitions.

Quoiqu'il en soit de ces réserves, la
construction de la voie ferrée n'en conser-
vera pas moins son caractère essentielle-
ment industriel, commercial, c'est-à-dire
son allure absolument pacifique, condition
qui nous mettra grandement à l'aise aussi
bien à l'égard de la cour schérifienne que
des autres puissances européennes jalouses
de notre extension.

Il nous reste maintenant à formuler une
opinion sur la direction de la pénétration
ferrée dont nous venons de démontrer la
nécessité primordiale.

Direction
des railways

Les intérêts algériens, inséparables des
intérêts français, nous paraissent exiger
deux lignes distinctes comme origines et

comme objectifs, réunies toutefois par une
artère de relation :

L'une, suite naturelle du chemin d'Ayn-
Sefra, avec le coude du Niger pour but ;

L'autre, continuation rationnelle du chemin de fer projeté de Wargla, viserait le
Soudan central au lac Tchad.

L'artère de relation suivrait d'une façon
générale le pied méridional du grand Atlas,
depuis Gabès jusqu'au Touât, par Gafsa,
Biskra, Laghouat.

La ligne occidentale se prolongerait de
Djenien Bou Rzieg sur Igli, et rejoindrait
la vallée du Wed Saoura, au-dessous de
Figuig, de manière à ne pas chevaucher sur
les territoires contestés, et dont il semble
difficile de refuser la souveraineté au Schérif
marocain.

On éviterait avec soin, du reste, de solli-
citer ou d'accepter un firman de concession
dans cette zone épineuse.

En ce qui concerne l'artère orientale :
les travaux remarquables du général Phile-
bert, ceux de M. G. Rolland, ingénieur en

chef des mines, les études que nous avons
nous-même produites, paraissent définiti-
vement préciser les points forcés de pas-
sage : Wargla et Amguid.

On peut nettement affirmer que, si ce dernier point était atteint par la locomotive,
l'action néfaste d'In-Çalah serait absolument
paralysée.

Il suffit, en effet, de jeter un coup d'œil
sur la carte, pour comprendre comment, de
cette position à la fois stratégique et commerciale, nous obtiendrions au plus haut
degré, la situation de prépondérance que
nous ambitionnons.

A cheval sur la ligne transversale
allant d'In-Çalah sur Rhât, nous mena-
cerions en effet à la fois les relations de
la ville principale de Tidikelt avec le
Soudan occidental, et celle de Rhât avec le
Sudan central.

In-Çalah (*) et Rhât, commandés sur leur

(*) Le major anglais Laing (1826) et l'allemand
Gérard Rohlfs (1862) sont les seuls Européens qui
ont pu, jusqu'à ce jour, franchir la ceinture de cette
oasis. C'est Laing qui en a calculé les coordonnées
astronomiques ; les coordonnées géographiques
déduites des opérations de l'officier anglais, sont

flanc et pris à revers, renonceraient donc
bientôt à la lutte.

Quant aux populations Touaregs (*), at-
teintes jusque dans leurs plus éloignés
repaires, désormais l'épée de la France
au cœur, c'est fatalement qu'elles tom-
beraient sous notre puissance et, dans un
avenir peu lointain, sous notre vassalité.

------

donc, très approximativement : latit. N : 27o,11',
long. O : 0o,30'. Nous croyons utile de rappeler
l'origine de la position d'In Çalah, car certains
voyageurs voudraient la ramener à 100 kilomètres
à l'Est. C'est l'antique « Silicé » des Tables de
Ptolémée, grand marché de l'occupation romaine
qu'une route commerciale très fréquentée reliait
aux centres de Leptis (pays de Ghrat, de Garama,
Tripolitaine) et au marché non moins célèbre de
Siccathorium (sècherie de sel), aujourd'hui la Seb-
kha d'Amadghror, renommé pour son sel, ses
émeraudes et autres gemmes précieuses qui faisaient l'objet d'échanges considérables et dont la
deuxième mission Flatters a trouvé quelques gîtes
à 70 kilomètres de Temassint, non loin des ruines
d'un ancien établissement défensif. De ce point, Amadghror, où cette même mission a relevé d'importantes
ruines, la voie romaine gagnait Tafouris ou Thabou-
dis (Idelès), autre centre commercial, pour se
diriger vraisemblablement — sur le bassin du
Tchad et par le Dar Fertit, où Rome posséda des
exploitations d'or ou de cuivre — vers Rhaptum
et Agyzembe (canal de Mozambique).

(*) Pluriel de Targui. C'est le sobriquet sous
lequel les Arabes désignent les Confédérations ber-

Pour terminer cette étude, nous n'avons qu'à dégager les conclusions logiques des diverses prémisses discutées :

A la conception d'une expédition militaire nous substituons la simple proposition de pousser à plusieurs étapes dans le sud les voies ferrées de pénétration de l'Algérie.

Le long de la frontière marocaine on prolongerait quelques centaines de kilomètres, la ligne aboutissant à Djenien Bou-Rzieg ; le terminus comme les arrêts intermédiaires, convenablement espacés, seraient organisés défensivement, pourvus d'un poste approprié dont la relève et le

Conclu-
sions

---

bères de race pure disséminées dans tout le Çahara central, anciennement chrétiennes, et probablement de la secte hérétique des Circoncellions. Elles ont conservé, du moins celles du Ahoggar, le calendrier romain que leur avaient apporté les marchands de Leptis.

ravitaillen.ent pourront du reste y être
effectués aussi facilement qu'économiquement, ce qui n'est pas le cas actuel de nos
forts avancés.

Du côté Tripolitain, on pousserait méthodiquement la ligne de pénétration à double
origine (Alger, Philippeville) unifiée dans le
Wêd-Grhrir, en prenant Temassinin comme
premier objectif temporaire (*).

En adoptant cette méthode, nous éviterons
tout d'abord de nous dépenser en efforts
sans résultats définitifs et nous éluderons,
tout en atteignant le but désirable, ces
complications dangereuses que la situation
politique générale nous fait un devoir de
ne pas provoquer.

(*) Nous avons exposé l'économie de ce projet dans
diverses études spéciales.

ALGER. — IMP. CHARLES ZAMITH ET Cⁱᵉ RUE CASBAH, 4

8/b

* 9 7 8 2 0 1 2 6 3 7 5 1 1 *